LA GRANDE IMAGERIE

Défis NATURE©

À LA DÉCOUVERTE DES CHIENS

TEXTES **MARIE-ALICE TROCHET-DESMAZIERS**
Docteure vétérinaire

FLEURUS

LES ORIGINES DU CHIEN

Aussi curieux que cela puisse paraître, le chihuahua, le bouledogue français et le dalmatien ont le même ancêtre commun : le loup. La domestication de cet animal sauvage remonte à plus de 20 000 ans, du temps des hommes et femmes préhistoriques. À partir du loup, l'humain façonna l'animal, selon ses besoins, en chien de chasse, de garde, de troupeau ou de traîneau. Aujourd'hui, c'est aussi pour nous tenir compagnie que nous adoptons un chien.

Cave canem *signifie « Attention au chien ! » en latin.*

La domestication

Le chien fut la première espèce animale domestiquée, avant la vache, le mouton ou le chat. Sa domestication remonte à plus de 20 000 ans, lorsque les premiers hommes et femmes préhistoriques commencèrent à établir des campements. Certains loups se sont alors approchés pour manger leurs restes de nourriture. Les humains auraient ensuite sélectionné les animaux les plus dociles afin de les garder auprès d'eux pour la chasse. Petit à petit, le loup est devenu le chien.

Le chien dans l'Antiquité

Dans l'Égypte ancienne ou la Grèce antique, le chien aidait les humains à chasser ou servait à garder les maisons. C'était un animal très apprécié, presque sacré, que l'on retrouvait dans les récits mythologiques. Les Romains furent les premiers à distinguer les fonctions du chien selon leur caractère et leur taille. Les plus gros servaient à la garde ou étaient formés au combat pour se battre lors des guerres ou dans les arènes aux côtés des gladiateurs. Les plus petits ou les plus agiles étaient employés à la chasse ou à la garde des troupeaux. Les premières races commencèrent à apparaître.

Le chien au Moyen Âge et à la Renaissance

Au Moyen Âge, les chiens étaient surtout la propriété des seigneurs qui les utilisaient pour la chasse ou lors de combats. Ils servaient également à la garde des troupeaux ou à tirer des chariots ou des traîneaux dans les régions les plus froides.
À la Renaissance, on commença à apprécier le chien pour sa compagnie et à le considérer comme un compagnon de jeu pour les enfants. Des races plus petites et plus calmes, comme le bichon ou le caniche, firent leur apparition dans les salons princiers. Ces animaux aimaient rester sur les genoux de leur maître pour se faire caresser.

Chiens utilisés pour ravitailler les troupes pendant la Première Guerre mondiale

Le chien pendant les grandes guerres

Pendant les deux grandes guerres mondiales, de nombreux chiens ont accompagné les humains sur les champs de bataille. Monter la garde, dépister les explosifs, localiser les blessés et les ramener sur le camp, tirer les chariots de ravitaillement : ces animaux capables de jouer tous ces rôles ont été d'un grand secours pour les soldats. D'ailleurs, certains les adoptèrent à la fin des combats. Ce fut le cas pour Rintintin, un berger allemand ramené aux États-Unis par un soldat américain après la Première Guerre mondiale, où il débuta une glorieuse carrière au cinéma.

Le chien de nos jours

Aujourd'hui, si certains conservent une utilité comme les chiens policiers, les chiens de secours, de traîneau ou de troupeau, les chiens sont surtout considérés comme des animaux de compagnie, voire comme des membres de la famille. Actuellement, on compte plus de 7,5 millions de chiens en France et un foyer sur cinq en possède au moins un.

LES CHIENS DANS LA MYTHOLOGIE

Dans la mythologie égyptienne, Anubis, le dieu des morts, est représenté avec un corps d'homme et une tête de chien noire avec de grandes oreilles toutes droites. Son rôle était d'accompagner les défunts sur le chemin de l'au-delà.
Les Grecs associaient également le chien à la mort. Cerbère, le gardien de la porte des Enfers, est un grand chien noir avec plusieurs têtes (généralement trois) et une queue de dragon. Très agressif, il empêchait les morts de sortir des Enfers et les vivants d'y entrer.

Anubis

LES RACES DE CHIENS : GROUPES 1 À 5

Il existe près de 350 races de chiens reconnues dans le monde : grand ou petit format, poils courts ou longs, oreilles droites ou tombantes, il y en a pour tous les goûts. Au sein d'une même race, les animaux se ressemblent physiquement et présentent des traits de caractère communs comme une aptitude pour la chasse ou pour la garde, ou un comportement sociable ou indépendant. Pour mieux s'y retrouver, les races de chiens sont classées en 10 grands groupes.

Un terre-neuve sauveteur en mer

Groupe 1 - Chiens de berger et de bouvier : les chiens de troupeau

Ce groupe rassemble les chiens qui, à l'origine, accompagnaient les bergers ou les bouviers (gardiens des bœufs) dans leur travail. Rassembler et déplacer le troupeau sans qu'une bête ne se perde, protéger le bétail des attaques de prédateurs… ces animaux dynamiques et intelligents sont une aide précieuse pour les humains. Aujourd'hui, beaucoup de chiens de ce groupe, comme le berger australien, le border collie ou le berger belge malinois, sont adoptés en tant que chien de compagnie. Cela reste toutefois des chiens énergiques qui doivent se dépenser au quotidien pour être heureux.

Groupe 2 - Chiens de type pinscher, schnauzer et molossoïdes : les gardiens et les protecteurs

Quel est le point commun entre un pinscher, un doberman, un shar-pei et un cane corso ? Ces quatre chiens appartiennent au groupe 2 car ils ont tous des aptitudes pour la garde et la défense des biens et de leurs maîtres. Courageuses et dotées d'un fort instinct de protection, certaines des races de ce groupe sont également utilisées pour les secours à la personne, comme le terre-neuve ou le saint-bernard.

Border collie en pleine séance d'agility

Groupe 3 - Chiens de terriers : les petits chasseurs

Le groupe 3 rassemble les chiens sélectionnés pour leur capacité à poursuivre et traquer le gibier jusque dans leur terrier, d'où le nom de ce groupe. On y retrouve des chiens de petite à moyenne taille, rapides et tenaces avec un vrai tempérament de chasseur. Les races les plus populaires de ce groupe sont le jack russell terrier, le yorkshire terrier ou le staffordshire bull terrier (staffie).

Jack russell terrier

Teckel à poil ras

Groupe 4 - Teckels : un physique unique

La race teckel constitue à elle seule le groupe 4. Il faut dire qu'avec son physique si particulier de « chien saucisse » (un long dos et des pattes minuscules), ce petit chien méritait bien une catégorie à lui tout seul.
Originaire d'Allemagne, le teckel fut utilisé par les chasseurs dès le Moyen Âge pour rentrer dans les terriers afin d'en déloger ses habitants (blaireau, lapin, renard ou ragondin).

Groupe 5 - Chiens de type spitz et de type primitif : les indépendants

Le groupe 5 rassemble des chiens de morphologie très différente, comme le husky et le chien nu du Mexique, mais dont le comportement reste proche. En effet, malgré des siècles de vie aux côtés des humains, ces animaux ont conservé un instinct plus sauvage que d'autres races. Ce sont donc des chiens de caractère, indépendants, qui restent méfiants vis-à-vis des gens qu'ils ne connaissent pas. On y retrouve, entre autres, l'akita inu, le spitz, le chow-chow ou le samoyède.

Samoyède

QUIZ

1. Le berger australien était à l'origine...
- A. un chien de troupeau.
- B. un chien de chasse.
- C. un chien de traîneau.

2. Le cane corso et le shar-pei sont des chiens...
- A. du groupe 1.
- B. du groupe 2.
- C. du groupe 3.

3. Le groupe 3 est le groupe...
- A. des chiens de berger et de bouvier.
- B. des terriers.
- C. des teckels.

4. On surnomme le teckel...
- A. « chien saucisse ».
- B. « chien sandwich ».
- C. « chien baguette ».

5. Les chiens du groupe 5 sont des chiens plutôt...
- A. affectueux avec les inconnus.
- B. avec peu de caractère.
- C. indépendants.

Réponses : 1.A - 2.B - 3.B - 4.A - 5.C

LES RACES DE CHIENS : GROUPES 6 À 10

La classification des races se poursuit avec les groupes 6 à 10. Les groupes 6 à 8 rassemblent des chiens de chasse qui, selon les races, ont différentes fonctions : poursuivre le gibier, détecter sa présence ou rapporter les proies. Le groupe 9 réunit les chiens dits de compagnie, comme le bouledogue français ou le cavalier king Charles. Les lévriers, eux, forment le dernier groupe.

Labrador retriever

Dalmatien

Groupe 7 - Chiens d'arrêt : les détecteurs de proie

Certaines races de chiens de chasse, tels que les épagneuls bretons, les pointeurs anglais ou les setters, ont une aptitude naturelle pour prendre la pose dite « d'arrêt » quand ils détectent une proie. Cette posture corporelle est très caractéristique : le chien est immobile, le corps raide et la tête tendue vers l'avant avec une patte antérieure relevée et repliée sous lui. Cette position permet d'indiquer au chasseur où se trouve le gibier. Ces chiens dits « d'arrêt » forment le groupe 7.

Pointeur anglais

Groupe 6 - Chiens courants : les pourchasseurs du gibier

Le groupe 6 est constitué des chiens endurants, de taille moyenne à grande, sélectionnés pour flairer le gibier et le poursuivre. On y retrouve les chiens de meute utilisés lors de la chasse à courre, comme le beagle ou le griffon, mais également le dalmatien. Les races de chiens de ce groupe sont très anciennes, car elles étaient déjà présentes auprès des chasseurs de l'Antiquité.

Groupe 8 - Chiens leveurs de gibier, rapporteurs et chiens d'eau : les chasseurs délicats

Les chiens de chasse de ce groupe sont réputés pour leur capacité à aller chercher une proie dans des endroits difficiles d'accès, comme les marécages ou les broussailles, et à la ramener délicatement sans l'abîmer. On y retrouve les chiens de type retriever (ce mot est un dérivé du verbe anglais *to retrieve* signifiant « récupérer », « aller chercher »), comme le golden retriever ou le labrador retriever. Le cocker fait lui aussi partie du groupe 8.

VRAI OU FAUX ?

1. Le dalmatien fait partie du groupe 6 des chiens courants.
2. Lorsqu'un chien marque l'arrêt, il soulève une de ses pattes arrière.
3. Le labrador et le cocker appartiennent tous les deux au groupe 8.
4. Les poils du caniche sont lisses.
5. En France, les lévriers ont le droit d'aller à la chasse.

Réponses : 1. Vrai - 2. Faux - 3. Vrai - 4. Faux - 5. Faux

Carlin

Groupe 9 - Les chiens d'agrément et de compagnie : les petits compagnons

Les races de chiens de ce groupe ont été créées uniquement dans le but de tenir compagnie aux humains. Hormis une petite taille en commun, ces animaux ont des physiques très différents. Poils longs chez le bichon havanais versus poils frisés chez le caniche, museau écrasé chez le carlin ou tête en forme de pomme chez le chihuahua, il y en a pour tous les styles. Les chiens de ce groupe sont souvent très affectueux et proches de leurs maîtres.

Groupe 10 - Les lévriers : les sprinteurs

Autrefois utilisés pour la chasse, les lévriers, dont le nom provient du mot « lièvre », ont un physique d'athlète bien reconnaissable. Avec leur tête fine, leur corps svelte et leurs longues pattes, ils sont profilés pour la course.

Aujourd'hui, ces chiens sont interdits de chasse en France, car leur rapidité ne laisserait aucune chance au gibier. On peut admirer leurs performances dans des cynodromes (stades de course pour chiens) lors de compétitions de vitesse.

Lévriers lors d'une course de vitesse

QUELQUES RACES DE CHIENS

Choisir un chien c'est d'abord choisir une race qui doit correspondre à notre mode de vie (sportif ou tranquille) et à notre logement (maison ou appartement). Un husky a besoin de courir beaucoup plus qu'un chihuahua. Un berger australien aura du mal à vivre dans un petit appartement alors qu'un cavalier king Charles pourra y être très heureux. Certains chiens, dits croisés, sont issus d'un mélange de plusieurs races.

Le berger australien, numéro 1 dans le cœur des Français

Depuis plusieurs années, le berger australien est le chien de race préféré des Français. Il faut dire qu'avec son beau pelage et son comportement enjoué, il a tout pour plaire. Depuis peu, le berger américain miniature a fait son apparition en France. Il s'agit d'une race dérivée du berger australien, créée en reproduisant les animaux les plus petits entre eux afin d'obtenir des chiens en format mini.

Le golden retriever, le chien de famille par excellence

D'abord sélectionné pour la chasse afin de rapporter les gibiers d'eau comme les canards, le golden retriever s'est vite imposé comme un chien de famille grâce à son caractère doux et calme. Très proche de ses maîtres, il supporte mal la solitude.

Le staffordshire bull terrier, de l'énergie à revendre

Destiné à l'origine aux combats contre les taureaux (*bull* signifiant « taureau » en anglais), ce chien a su dépasser sa mauvaise réputation du passé pour devenir un gentil chien de compagnie. Avec son physique charpenté et musclé, le « staffie » a besoin de maîtres dynamiques pour se dépenser lors de longues promenades.

Le berger belge malinois, un chien aux multiples fonctions

Grâce à un corps athlétique et une intelligence remarquable, le malinois est passé de gardien de troupeau à chien d'utilité. Secours, dépistage d'explosifs ou de drogues, chien policier ou chien soldat, il sait vraiment tout faire !
Pour vivre en famille, il lui faudra une éducation stricte et beaucoup d'activité pour être bien dans sa peau.

Le cavalier king Charles, une petite boule d'amour

Race favorite du roi anglais Charles II, d'où son nom de « king Charles » (le roi Charles en anglais), ce petit chien malicieux et affectueux est très facile à vivre. Appartement, maison, ville, campagne, il est capable de s'adapter à tous les modes de vie du moment que ses maîtres s'occupent de lui.

Le chihuahua, le plus petit des chiens de race

Originaire de l'État de Chihuahua, une région du nord du Mexique, ce petit chien était sacré du temps des Aztèques, qui considéraient que sa présence apportait le bonheur dans le foyer. Il faut dire qu'avec son format miniature, sa drôle de tête en forme de pomme, ses yeux rieurs et son caractère facétieux, le chihuahua amène de la joie dans une maison.

Le beagle, un flair hors pair

Grâce à son flair, son courage et son endurance, le beagle est l'un des meilleurs chiens de chasse. Son aboiement est aussi très caractéristique, ce qui permet au chasseur de le repérer de très loin. C'est également un bon chien de famille à condition qu'il puisse se dépenser suffisamment.

Le husky de Sibérie, le célèbre chien de traîneau

Une légende raconte que le husky est né de l'amour de la Lune et d'un loup. De cette union, il a conservé l'aspect du loup et une queue relevée en forme de croissant de lune. Utilisé pour tirer les traîneaux sur la neige, le husky de Sibérie est un chien très sportif, habitué à vivre en groupe. S'il est laissé seul trop longtemps ou s'il manque d'activité, il aura tendance à fuguer.

Le bouledogue français, un molosse en miniature

Malgré sa petite taille, le bouledogue français est un chien trapu et musclé. Au XIXe siècle, c'était d'ailleurs un chien de garde, utilisé pour surveiller les entrepôts des bouchers et des marchands de vin. Joueur et affectueux, il a quitté sa fonction de gardien pour rejoindre les salons royaux et devenir un chien de compagnie au début du XXe siècle. Aujourd'hui, le bouledogue français est classé dans le groupe 9 des chiens d'agrément et de compagnie.

DES PARTICULARITÉS HÉRITÉES DU LOUP

Malgré des physiques très différents, tous les chiens sont des mammifères carnivores appartenant à la famille des canidés. Ils ont également en commun un sens de l'odorat surdéveloppé ainsi qu'une ouïe très fine et une vision précise des mouvements. Ces qualités sensorielles sont des atouts indéniables pour la chasse car, ne l'oublions pas, le chien descend du loup, un redoutable prédateur.

Une bouche de carnivore

Tout comme le loup, le chien est un carnivore. Cela veut dire qu'il mange de la chair (de la viande ou du poisson) : sa mâchoire puissante est donc adaptée à ce régime alimentaire. La dentition du chien et du loup adulte comporte 42 dents, soit 10 de plus qu'un humain. Parmi elles, on distingue les fameuses canines ou crocs, communes à tous les carnivores. Ces dents pointues en forme de crochet permettent à l'animal de saisir ses proies en les plantant dans leur chair. Le chien et le loup en possèdent quatre : deux sur la mâchoire supérieure, deux sur celle du bas.

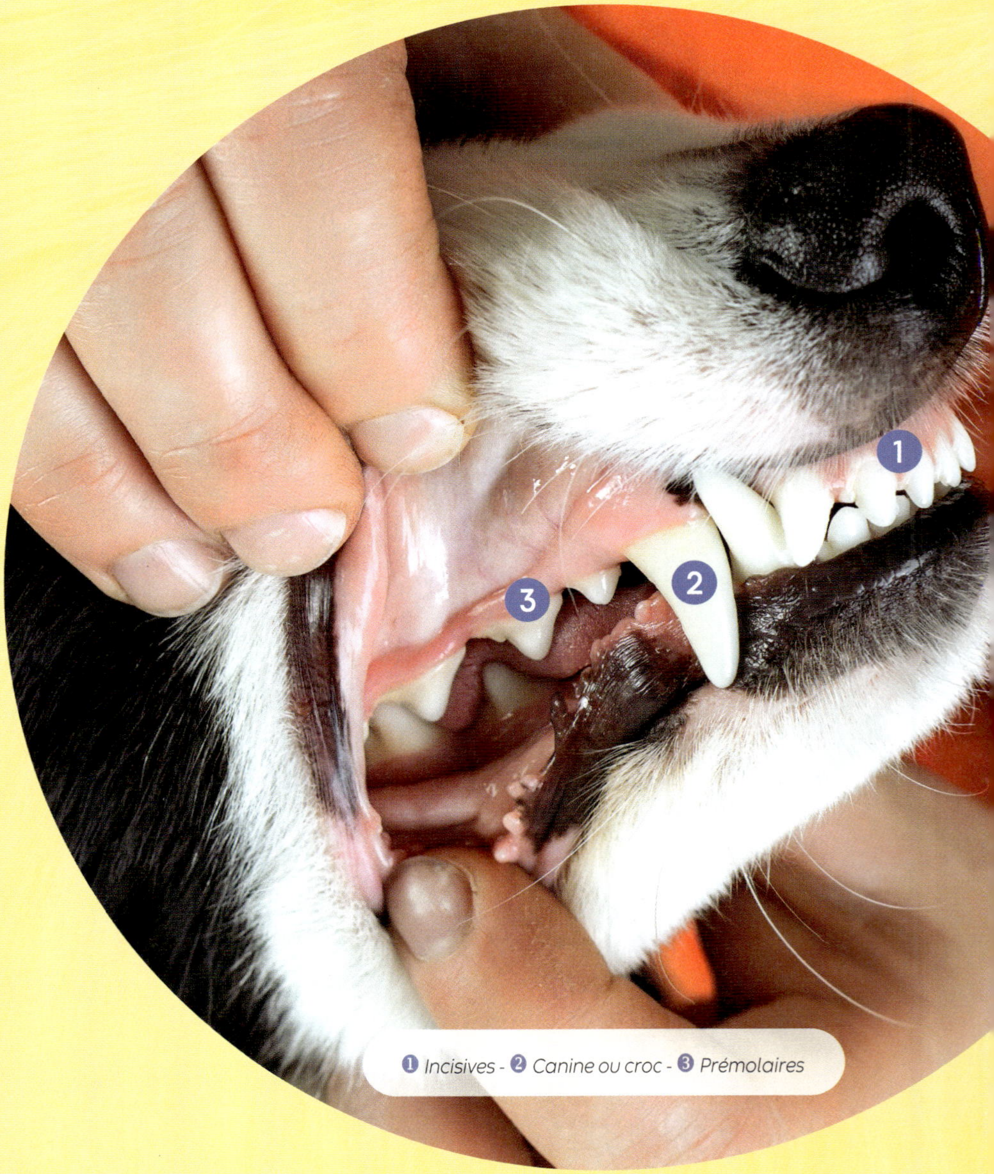

❶ *Incisives* - ❷ *Canine ou croc* - ❸ *Prémolaires*

Le champion de l'olfaction

L'odorat, ou flair, est le sens le plus développé chez le chien comme chez le loup. Grâce à sa truffe (son nez), il peut retrouver son chemin, dénicher de la nourriture, vérifier en la humant si elle est comestible et communiquer avec les autres. Tu as déjà sûrement constaté que deux chiens qui se rencontrent commencent par se renifler pour faire connaissance. Plus la truffe du chien est allongée, plus son olfaction est performante : un berger allemand aura donc un meilleur flair qu'un bouledogue français.

Des oreilles capables d'entendre de tout petits bruits

On estime que l'audition du chien est quatre fois supérieure à celle de l'humain. Comme ses oreilles sont mobiles, le chien peut les orienter vers l'origine du bruit et l'écouter précisément. Son champ auditif est également beaucoup plus large que le nôtre. Cela signifie qu'il est capable d'entendre des sons que nous ne percevons pas, comme les ultrasons. Cette super ouïe est comparable à celle du loup qui doit repérer les bruits discrets des proies mais également les hurlements de sa meute, même si celle-ci se situe à une longue distance de lui.

Une vision adaptée à la détection des proies

Même si le chien voit moins bien les détails que nous et que sa vision des couleurs est plus limitée (il ne distingue pas le rouge ou l'orange, par exemple), il possède une meilleure vision périphérique (sur les côtés). Quand un humain regarde devant lui, sa vision couvre 180° alors que le champ de vision du chien est, lui, de 250°. Sa détection du mouvement est également supérieure à la nôtre, tout comme sa vision de nuit, qualités qu'il a conservées du loup, un chasseur nocturne.

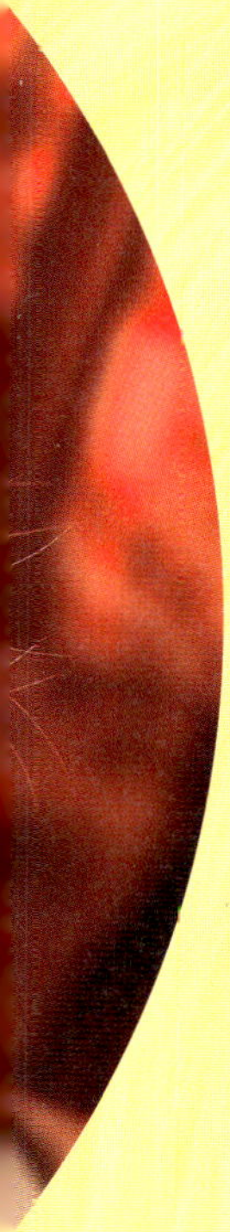

DES EXPRESSIONS AUTOUR DU CHIEN

Sais-tu ce que veut dire « entre chien et loup » ? Cela désigne le moment où la nuit tombe et où l'on a du mal à distinguer des choses qui se ressemblent en raison du manque de lumière, comme un loup et son cousin le chien.
On dit aussi parfois « montrer les crocs » pour signifier que l'on est sur la défensive. Un chien prêt à se défendre va grogner, relever ses babines et découvrir ses crocs. Et là, gare à la morsure !
Et « avoir du flair » ? On utilise cette expression pour définir quelqu'un qui a de l'intuition et qui devine ce qui va se passer. Tout comme le chien qui, grâce à son odorat hors norme, va « sentir » les choses bien avant nous.

COMPRENDRE SON CHIEN

Comment faire pour communiquer alors que le chien ne parle aucune langue humaine ni nous le langage canin ? En nous regardant et selon l'intonation de notre voix, notre animal comprend si nous sommes content, triste ou en colère. Chez le chien, une partie de la communication repose sur la position du corps, on parle alors de langage corporel. S'y ajoutent également les vocalises, qui sont les différents sons émis, comme les aboiements ou les grognements. Entre eux, les chiens communiquent aussi avec leur odorat.

Chien ayant peur

Chien heureux

Chien sur la défensive

Le langage corporel

Chez le chien, le langage corporel est très développé. Selon le positionnement de son corps, de ses oreilles et de sa queue, il exprime ses émotions.
Un chien content a un corps détendu, des oreilles relâchées et bat joyeusement de la queue. S'il a peur, il va se recroqueviller avec sa queue repliée sous lui et ses oreilles couchées en arrière. Sur la défensive, le chien se dresse, gonfle ses poils et raidit sa queue. Ses oreilles sont tendues vers l'avant et ses babines sont retroussées : mieux vaut alors ne pas s'approcher !

Posture de l'appel au jeu

Le « parler » chien

Pour compléter sa communication corporelle, le chien émet différents sons selon le contexte.
Ainsi, il va pouvoir aboyer de manière aiguë et joyeuse à l'approche de son maître. Mais l'aboiement sera beaucoup plus grave et menaçant s'il cherche à se défendre.
Le hurlement est un signal d'appel de la meute, souvent émis lorsque l'animal se sent stressé et seul.
Les grognements ne sont pas toujours un signe de menace. Bien sûr, si le chien relève les babines, montre ses crocs et cherche à mordre, le message est clair. Mais il peut aussi grogner gentiment lorsqu'il a envie de jouer.

Les postures corporelles

Les postures corporelles sont des positions que prend le chien pour communiquer. Elles sont connues de tous les chiens et cela leur permet de se comprendre. Tu peux, toi aussi, en reconnaître facilement, comme la posture de l'appel au jeu ou la position de soumission.
Lorsqu'un chien a envie de jouer, il se couche sur le ventre, relève son arrière-train et remue gaiement sa queue : c'est l'appel au jeu. Lors de conflits, un chien qui demande l'apaisement va se mettre en position de soumission en se plaçant sur le dos avec les pattes arrière écartées.

La communication olfactive entre chiens

La communication entre chiens est également basée sur l'olfaction. Grâce à son super odorat, un chien est capable, en en flairant un autre, de connaître son identité (mâle ou femelle, stérilisé ou non, jeune ou âgé...) ainsi que son état émotionnel (anxieux, joyeux ou agressif, par exemple). Ils peuvent ainsi faire connaissance.
Les chiens laissent également des marques chimiques sur leur passage, notamment dans l'urine et les cacas, que les autres viendront ensuite renifler.

QUIZ !

1. Un chien qui a peur...
A. remue la queue.
B. porte sa queue droite et raide.
C. replie sa queue sous lui.

2. En posture d'appel au jeu, le chien est...
A. couché sur le ventre avec l'arrière-train redressé.
B. sur le dos, les pattes arrière écartées.
C. debout avec une patte avant repliée sous lui.

3. Le hurlement d'un chien peut indiquer...
A. qu'il est stressé d'être seul.
B. qu'il a faim.
C. qu'il a envie de jouer.

4. Lorsque deux chiens qui se rencontrent se reniflent...
A. c'est qu'ils veulent se battre.
B. c'est qu'ils font connaissance.
C. c'est qu'ils ont peur l'un de l'autre.

Réponses : 1. C - 2. A - 3. A - 4. B

PRENDRE SOIN DE SON CHIEN

Prendre soin de son chien c'est tout d'abord lui offrir un milieu et un mode de vie qui lui conviennent. Il faut aussi l'identifier (puce électronique ou tatouage) pour le retrouver plus facilement s'il se perd, le vacciner pour éviter certaines maladies et le traiter contre les parasites. Une bonne hygiène corporelle et une alimentation de qualité sont également importantes pour sa santé.

Le vétérinaire utilise un lecteur spécifique pour lire le numéro de la puce électronique.

L'identification, la carte d'identité du chien

En France, tous les chiens âgés de plus de 7 mois doivent être identifiés par un tatouage à l'oreille ou par une puce électronique, placée sous la peau du cou à gauche. Cette identification permet de relier leur numéro à leur propriétaire et de le contacter rapidement si l'animal est perdu.
La puce électronique se présente sous la forme d'un petit cylindre de la taille d'un grain de riz. C'est actuellement le moyen le plus utilisé pour identifier les animaux. Son numéro – une série de 15 chiffres – se lit grâce à un lecteur spécifique.

Un cadre de vie adapté

Un chien demande de l'attention. Il a besoin de vivre avec ses maîtres et de ne pas être isolé trop longtemps sinon il s'ennuie et gare aux bêtises ! Quand il est tout seul à la maison, on peut lui donner des jouets pour chien à mâchonner pour l'occuper un peu.
Le chien doit disposer d'un lieu de couchage confortable (panier, matelas...), placé dans un endroit calme, et pouvoir y accéder quand bon lui semble. S'il y va spontanément dans la journée, il faut le laisser se reposer tranquillement. Il reviendra ensuite vers nous, en pleine forme, pour jouer ou pour un câlin.

De l'activité tous les jours

Un chien doit sortir tous les jours pour ses besoins même s'il a un jardin à disposition. Lors de sa balade, il peut sentir les odeurs, rencontrer d'autres personnes et leurs animaux, et se familiariser avec l'environnement extérieur.
La promenade est également un moment pour se dépenser. En fonction de sa race, le chien aura des besoins d'activité différents : un berger australien demandera une sortie plus longue et plus intense qu'un bouledogue français, par exemple.
La dépense physique passe aussi par le jeu. Chaque chien a ses préférences : ballon, balle, frisbee... Il suffira de trouver ce qu'il lui plaît le plus pour le faire jouer.

Mieux vaut prévenir que guérir

Des vaccins existent pour éviter que le chien n'attrape certaines maladies, comme la leptospirose ou la toux de chenil. Comme pour nous, il dispose alors d'un carnet de santé où seront consignés ses vaccins. La rage est une maladie rare en France mais, dans certains cas (voyage à l'étranger, séjour en camping...), cette vaccination est obligatoire.
Pour le protéger des parasites, il est nécessaire de lui donner régulièrement des vermifuges (médicaments contre les parasites internes) et de le traiter contre les puces et les tiques. Dans le sud de la France, il faut également le protéger des piqûres de moustiques avec des produits répulsifs (pipettes ou collier) pour éviter certaines maladies transmises par ces insectes.

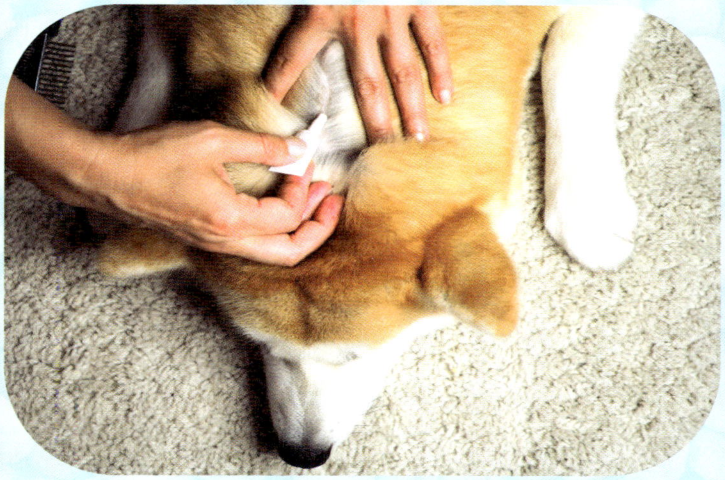

S'occuper de son hygiène

Tous les chiens doivent être brossés pour retirer la poussière de leur pelage. La fréquence du brossage dépend de la longueur et de la texture du poil : l'akita inu et le husky, notamment en période de mue (renouvellement du pelage), demandent plus d'entretien qu'un jack russell terrier.
Et si le chien est trop sale, rien de tel qu'un bon bain !
Les dents aussi doivent être brossées, idéalement tous les jours. Il faut habituer son chien dès son plus jeune âge à ce geste qui ne lui paraît pas naturel au premier abord.
Selon les races, les yeux et les oreilles doivent aussi être nettoyés. Si les griffes sont trop longues, il peut être nécessaire de les couper.

Bien manger pour être en bonne santé

Croquettes, pâtée ou gamelles faites maison, il y a du choix pour les repas ! Le plus important est que l'alimentation soit de qualité et adaptée à l'âge de l'animal (en croissance, adulte ou senior), à son format (petite, moyenne ou grande race) et à son statut (stérilisé ou non).
Comme pour nous, gare aux excès de friandises pour éviter le surpoids. Certains aliments sont même toxiques chez le chien : le chocolat, le raisin, la pomme de terre crue ou les noix de macadamia.
Lors de certaines affections (diabète, allergie alimentaire, par exemple), le chien doit suivre une alimentation médicale spécifique pour contrôler sa maladie.

ADOPTER UN CHIEN, UNE RESPONSABILITÉ IMPORTANTE À PRENDRE

Comme pour tout animal de compagnie, la décision d'adopter un chien doit être mûrement réfléchie par le futur maître : ai-je le temps de le promener tous les jours et de l'éduquer ? Comment faire pour qu'il ne reste pas seul trop longtemps à la maison ? Et pour les vacances, peut-on l'emmener ou comment le faire garder ?... Cette décision engage le propriétaire sur de nombreuses années car, selon les races, l'espérance de vie d'un chien peut atteindre en moyenne 15 ans.
Depuis 2022, les futurs acquéreurs doivent signer un « contrat d'engagement » avant d'adopter un animal, minimum 7 jours avant l'achat. De plus, l'arrêt de la vente de chiens et de chats dans les animaleries depuis 2024 permet d'éviter les achats « coup de cœur ».
Enfin, prendre soin de son chien peut s'avérer onéreux entre l'achat de ses affaires (jouets, coussins, collier...), son alimentation, les visites chez le vétérinaire, les rendez-vous chez le toiletteur, les activités au club canin ou la pension quand on ne peut pas l'emmener avec soi en vacances.
Ce budget doit également être pris en compte avant l'adoption.

BIEN ÉDUQUER SON CHIEN

L'éducation est indispensable à la bonne entente entre le maître et son chien. Elle permet à l'animal de comprendre les règles à respecter et de savoir ce qu'il a le droit de faire ou non. Elle sert aussi de base aux apprentissages, comme l'acquisition de la propreté, la marche en laisse ou le rappel. L'éducation doit commencer dès l'arrivée du chien à la maison. Même si c'est son premier jour, il ne faut pas le laisser faire des choses qui lui seront interdites plus tard. L'éducation ne se limite pas au chien, car devenir un bon maître cela s'apprend également.

L'apprentissage de la propreté

Pour apprendre à un chien à faire ses besoins à l'extérieur, il faut le sortir aux moments où il est le plus susceptible d'avoir envie de les faire, soit après avoir dormi, mangé ou joué. Quand le chien urine au bon endroit, il est félicité et récompensé. Il ne faut pas le rentrer à la maison juste après ses besoins, sinon il va associer « pipi » et « fin de la promenade » et il va chercher à se retenir pour prolonger la balade. Plus le chien est jeune, plus il faut le sortir, car un chiot ne peut pas se retenir aussi longtemps qu'un adulte.

L'éducation positive

L'éducation positive consiste à encourager les « bons comportements » (ceux que le propriétaire définit comme « bons ») en récompensant le chien. Prenons l'exemple du maître qui souhaite apprendre à son chien à s'asseoir avant de recevoir ses croquettes. Si le chien obéit et s'assoit, il obtient son repas. Tant qu'il n'obéit pas, le maître l'ignore et ne lui donne pas sa gamelle.

L'éducation positive renforce la relation entre l'humain et son animal, car celui-ci va obéir pour obtenir sa récompense et non plus par crainte de se faire punir.

ACTIVITÉS À FAIRE AVEC SON CHIEN

Avec un chien bien éduqué, tu peux t'inscrire à différentes activités ou sports canins : agility (parcours d'obstacle), cani-cross (course à pied maître/chien), obé-rythmée (chorégraphie sur une musique)... Tu peux également trouver dans des livres ou sur Internet des tutos pour apprendre plein de tours à ton animal.

Si tu as besoin d'aide pour son éducation, tu peux t'adresser à un club canin pour prendre quelques leçons. Les plus jeunes ont également des cours adaptés à leur niveau avec les écoles du chiot.

L'habituer au port du collier

Il n'est pas naturel pour un chien de porter un collier (ou un harnais) ainsi qu'une laisse et de marcher calmement à côté de toi. Cela nécessite un petit temps d'adaptation. Il faut commencer par l'habituer à avoir son collier autour du cou en le lui mettant dans la maison et à le récompenser s'il est calme et qu'il ne cherche pas à le retirer. Ensuite, on peut ajouter la laisse pour qu'il n'ait pas peur de cet objet.

Travailler le rappel

Pour que le chien revienne quand on l'appelle, il faut lui apprendre le rappel. Dans un endroit calme, on va se placer à quelques mètres de lui et l'appeler joyeusement. S'il vient jusqu'à nous, il est félicité et on peut augmenter ensuite petit à petit la distance.
Quand on travaille le rappel en extérieur, il est important de lui mettre une longe (une grande laisse) pour pouvoir le récupérer s'il n'écoute pas. Le principe est le même : on s'éloigne, on l'appelle et on le récompense s'il revient vers nous. S'il s'éloigne, il faut attraper la longe, la tendre et donner un petit coup sec en disant « Non ».

La marche en laisse

Une fois que le chien est habitué à son collier, on peut commencer l'apprentissage de la marche en laisse.
En promenade, on avance doucement avec la laisse détendue : si le chien se met à courir et à tirer (tendre la laisse), on donne un petit coup sur la laisse en disant « Non » fermement et en s'arrêtant. Quand le chien se calme, on peut reprendre la balade. On s'arrête de nouveau s'il se remet à tirer. Le chien va vite comprendre que « tirer » signifie « arrêt de la promenade » : il va donc cesser de courir pour continuer à se promener.

Bon chien, bon maître

Dans l'espace public, le maître est responsable de son chien. Si l'animal commet des dégradations, c'est le propriétaire qui sera sanctionné.
D'autres règles simples sont à respecter pour le bien vivre en société. Si le chien fait ses besoins dans la rue, il faut ramasser ses crottes et les jeter dans une poubelle. Un chien doit également être tenu en laisse en ville. Si on le promène dans les bois, il ne doit pas être lâché entre le 15 avril et le 30 juin, car il pourrait déranger la faune sauvage qui est en pleine période de naissance des bébés.

LES MÉTIERS DU CHIEN

Aujourd'hui, même si la plupart des chiens ont pour seule fonction d'être des animaux de compagnie, certains exercent de vrais métiers, comme les chiens policiers ou les chiens de secours à la personne. Leur apprentissage peut être long : il faut, par exemple, presque 2 ans pour former un chien d'assistance. D'autres chiens travaillent avec leur flair, que ce soit pour dénicher des truffes (champignons noirs très odorants), traquer des insectes, dépister des maladies ou trouver l'origine d'une fuite d'eau.

Chien de secours en recherche de personnes sous des décombres

Les chiens policiers

Depuis presque 200 ans, la police nationale compte parmi ses effectifs des agents canins. Selon leurs aptitudes, les chiens policiers sont affectés au service de défense (renfort des policiers lors des interventions) ou de recherche (explosifs, drogues, personnes disparues...). Ils travaillent en étroite collaboration avec leurs collègues humains jusqu'à l'âge de 7-8 ans, moment pour eux de trouver un foyer afin de profiter d'une retraite bien méritée. Actuellement, en France, on recense près de 500 chiens policiers dont une grande majorité de malinois et de bergers allemands.

Les chiens de secours à la personne

Les chiens de secours à la personne ressemblent beaucoup à des « pompiers canins ». Lors de tremblements de terre, ils participent à la recherche des personnes ensevelies sous les décombres. À la montagne, après une avalanche, ils repèrent les victimes bloquées sous la neige et creusent pour les déneiger. En mer, ils accompagnent les sauveteurs pour aller chercher les nageurs en difficulté et les sauver de la noyade.

Les chiens d'assistance judiciaire

Pendant une procédure pénale, les victimes peuvent disposer d'un chien d'assistance judiciaire pour les aider à raconter leur histoire devant les policiers ou le juge au tribunal. La présence de l'animal va les réconforter, les rassurer et libérer leur parole. Ce dispositif est récent en Europe, mais il existe avec succès depuis plus de 20 ans aux États-Unis ou au Canada. En France, c'est en 2019 que LOL, un labrador noir, devient le premier chien d'assistance judiciaire.

LOL, premier chien d'assistance judiciaire en France

Les chiens guides, d'assistance ou d'éveil

Toute personne en situation de handicap peut bénéficier d'un chien formé pour l'assister. Un chien guide permet à une personne malvoyante ou malentendante de se déplacer plus facilement. Un chien d'assistance aidera une personne en fauteuil roulant dans ses gestes au quotidien en lui ouvrant les portes ou en lui ramassant un objet tombé au sol, par exemple. Un chien d'éveil sert à stimuler et à réconforter une personne atteinte d'un handicap mental, comme l'autisme. Grâce à son chien, la personne handicapée gagne en autonomie et en confiance.

Chien guide d'aveugle

Chien truffier ayant découvert une truffe

Les chiens de détection

Avec leur flair surentraîné, les chiens de détection sont capables de tout renifler. Chaque animal travaille sur un élément particulier : certains dénichent les truffes cachées sous la terre, d'autres repèrent les punaises de lit dans une maison ou sont capables de dire si une personne est atteinte par une maladie comme la Covid-19. Récemment, une équipe de chiens renifleurs a même été formée pour détecter les fuites d'eau des canalisations en se basant sur l'odeur du chlore qui sert à désinfecter l'eau potable.

QUIZ !

1. En France, on compte près de…
A. 50 chiens policiers.
B. 500 chiens policiers.
C. 5 000 chiens policiers.

2. Le premier chien d'assistance judiciaire était un…
A. malinois.
B. golden retriever.
C. labrador.

3. On considère les chiens de secours à la personne comme des…
A. pompiers canins.
B. médecins canins.
C. policiers canins.

4. Pour former un chien d'assistance, il faut près de…
A. 2 semaines.
B. 2 mois.
C. 2 ans.

5. Les chiens qui détectent les fuites d'eau se basent sur l'odeur…
A. du chlore.
B. du soufre.
C. du brome.

Réponses : 1. B - 2. C - 3. A - 4. C - 5. A

LES CHIENS, CES HÉROS

Les chiens sont déjà nos héros du quotidien : ils nous consolent de nos petits malheurs, nous font la fête quand nous rentrons à la maison ou nous poussent à sortir pour une promenade ! Mais certains chiens sortent vraiment de l'ordinaire et s'illustrent par leur bravoure ou leur engagement. Découvre les histoires de ces animaux exceptionnels qui ont tous été récompensés par le Trophée des Chiens Héros, décerné par la Société Centrale Canine (SCC).

Massaï, le petit visiteur de l'hôpital de Dreux

Dans les couloirs du service de rééducation de l'hôpital de Dreux, en Eure-et-Loir, se promène Massaï, un chihuahua de 2 kg. Cette petite boule de poils est là pour aider sa maîtresse, orthophoniste, à réapprendre aux personnes atteintes d'un trouble du langage à parler. Sa présence permet de stimuler le dialogue entre le patient et l'équipe médicale, et ses câlins apportent du réconfort aux malades de l'hôpital. À côté de son rôle de « soignant », Massaï, avec sa jolie frimousse, participe régulièrement à des concours de beauté canins.

Massaï et sa maîtresse

Irish, le chien douanier aux saisies records

Irish est un labrador noir formé à la recherche de produits stupéfiants et de billets de banque. Rattaché à la brigade des douanes d'Hendaye, une ville du Pays basque, il surveillait la frontière entre la France et l'Espagne, en contrôlant les véhicules qui circulaient entre ces deux pays. Grâce à son flair, il a su détecter 6,7 tonnes de drogues (soit le poids d'un gros éléphant) et plus de 2 millions d'euros, permettant ainsi d'arrêter de nombreux trafiquants.

Pollux

Irish

Pollux et Ruby, l'aide aux soldats blessés

Pollux, le croisé labrador, et Ruby, une chienne de type mastiff, sont des anciens pensionnaires de la SPA (Société protectrice des animaux) de la ville de Carcassonne, située dans le sud-ouest de la France. Ces deux chiens abandonnés ont été intégrés au projet Arion, un programme d'aide aux soldats blessés physiquement ou psychologiquement lors de leurs missions. Adoptés par deux ex-militaires dans cette situation, Pollux et Ruby ont su leur redonner goût à la vie et apaiser leurs traumatismes. Le refuge de Carcassonne est d'ailleurs tenu par un ancien soldat, lui-même blessé, qui a été ravi de participer à ce programme d'aide.

Max et sa famille

Obelle, de la douceur face à la douleur

Obelle est une chienne d'assistance en milieu médical, formée par l'association Handi'Chiens. Elle travaille cinq jours par semaine avec sa maîtresse à l'hôpital de Dollens, en Picardie. Grâce à sa présence et à ses câlins, cette golden retriever apporte de la douceur et du réconfort aux malades qui en ont bien besoin. Elle est d'ailleurs surnommée la « dog'teur » (*dog* qui veut dire « chien » en anglais) par l'équipe soignante de l'hôpital, par analogie avec le mot « docteur » !

Obelle, très heureuse de sa médaille qui récompense son travail de chienne d'assistance à l'hôpital.

Max, chien de famille et sauveteur

Max est un chien de famille croisé border collie et bouvier bernois, qui vit dans l'Est de la France. Sans aucune formation de sauvetage, il a pourtant sauvé son petit maître, alors âgé de 3 ans, de la noyade. Lors d'une promenade familiale le long de la rivière, le petit garçon est tombé à l'eau et commençait à être emporté par le courant. Max a alors sauté dans l'eau et nagé vers l'enfant qui est parvenu à s'accrocher à son collier et à se maintenir hors de l'eau. Grâce à Max, les secours ont pu récupérer son jeune maître sain et sauf !

Jerry Leen

Jerry Leen, une détermination à toute épreuve

Jerry Leen est une chienne malinoise rattachée à la brigade des sapeurs-pompiers de Paris. Elle s'est illustrée lors du sauvetage de deux adolescents perdus depuis trois jours dans les catacombes. Les recherches s'annonçaient difficiles, car ce réseau de galeries souterraines s'étend sur près de 300 km sous la ville. Grâce à son flair et à sa détermination, elle a su suivre et remonter la trace des deux jeunes gens à travers le labyrinthe des catacombes, et permettre ainsi aux secours d'arriver jusqu'à eux.

LES TROPHÉES DES CHIENS HÉROS

Depuis 2017, la Société Centrale Canine organise tous les deux ans la remise des Trophées des Chiens Héros. Que ce soient des chiens de travail ou des animaux de compagnie, cette cérémonie récompense des chiens extraordinaires et permet de mettre en avant leurs qualités et leurs actions. Chaque animal primé reçoit une médaille et un diplôme sous les applaudissements mérités du public et d'un jury composé de professionnels du monde canin. Lors de la 4e édition, en 2023, ce sont 21 chiens, parmi les 135 candidatures reçues, qui ont obtenu le titre de Chien Héros.

LES COUSINS DU CHIEN

Le chien appartient à la famille des canidés, qui regroupe des mammifères carnivores terrestres possédant des canines et des molaires puissantes ainsi que des griffes non rétractiles (qui ne se rentrent pas, contrairement à celles du chat). D'ailleurs, le mot « canidé » dérive du mot latin *canis* qui signifie « chien ». Dans cette famille, on recense près d'une quarantaine d'espèces. Certaines sont très connues, à l'image du loup ou du renard ; d'autres le sont moins, comme le chien des buissons, le dhole ou l'otocyon.

Le loup à crinière, ce loup qui n'en est pas un

Contrairement à ce que son nom indique, le loup à crinière ne ressemble pas à un loup mais plutôt à un renard roux avec de longues pattes noires et une petite crinière sur le dos. Grâce à ses pattes effilées, il se déplace facilement dans les hautes herbes des prairies d'Amérique du Sud où il chasse seul de petites proies (lapins, souris, oiseaux...). Même si le loup à crinière est un carnivore, il mange beaucoup de fruits dont le lobeira (fruit qui ressemble à une petite pomme verte), également appelé « fruit du loup ».

Le chien des buissons, un nageur hors pair

Le chien des buissons est un petit canidé trapu d'Amérique centrale et du Sud qui vit toujours à proximité d'un point d'eau. Et pour cause, grâce à ses pattes palmées (une membrane relie ses doigts entre eux), c'est un excellent nageur qui n'hésite pas à plonger pour pourchasser une proie. Le chien des buissons vit au sein d'une meute d'une dizaine d'animaux, dirigée par un couple de dominants.

Le chien viverrin ou tanuki

Le chien viverrin a la taille d'un petit renard et un pelage qui ressemble à celui du raton laveur. Cet animal plutôt solitaire est actif dès la tombée de la nuit. Il est aussi le seul canidé à hiberner si la température extérieure descend en dessous de -5 °C.
Originaire d'Asie, il a été introduit en Russie puis en Europe pour le commerce de sa fourrure. En France, il est considéré comme un nuisible, car il s'attaque à la faune sauvage alors qu'au Japon cet animal, que l'on surnomme « Tanuki », est un symbole de chance et de richesse.

Le dhole, la force de la meute

Le dhole ressemble à un grand renard roux avec un museau plus court et une queue plus foncée. Il vit au sein d'une meute composée d'une vingtaine d'animaux. Quand les dholes chassent tous ensemble, rien ne leur fait peur, pas même les grands félins comme le tigre ou la panthère. Ce sont également de très bons nageurs qui n'hésitent pas à poursuivre leur proie jusque dans l'eau. Appelé également chien sauvage d'Asie ou chien rouge, le dhole n'aboie pas mais glapit comme le renard.

Le renard polaire, le roi du camouflage

Le renard polaire vit en Arctique, une région très froide proche du pôle Nord. Grâce à sa magnifique fourrure blanche aux reflets bleus, le renard polaire ne souffre pas du froid et peut se cacher facilement sur la banquise. Quand le redoux s'annonce et que la neige fond, son pelage prend une couleur brune ou grise qui lui permet alors de se camoufler parmi les rochers. Grâce à ce changement de couleur, il reste toujours discret lorsqu'il chasse ses proies.

L'otocyon, des oreilles remarquables

Ce qui surprend de prime abord quand on regarde ce petit canidé d'Afrique, ce sont ses grandes oreilles, qui lui valent le surnom de renard à oreilles de chauve-souris. Grâce à ses « paraboles », l'otocyon est capable d'entendre les petits bruits de ses proies préférées : les insectes. De plus, comme chez l'éléphant, ses larges oreilles offrent une surface de contact importante avec l'air, ce qui participe à la régulation de la température interne de cet animal qui vit en milieu chaud.

VRAI OU FAUX ?

1. Le loup à crinière ressemble à un loup.
2. Le chien des buissons vit en Asie.
3. S'il fait trop froid, le chien viverrin est capable d'hiberner.
4. La couleur du pelage du renard polaire varie selon les saisons.
5. Le dhole glapit comme le renard.
6. L'otocyon est surnommé le renard à oreilles d'éléphant.

Réponses : 1. Faux - 2. Faux - 3. Vrai - 4. Vrai - 5. Vrai - 6. Faux

TABLE DES MATIÈRES

À Stéphane et à Vinyl, notre chien de week-end.

57, rue Gaston Tessier, CS 50061, 75166 Paris Cedex 19
www.fleuruseditions.com

Direction : Guillaume Pô
Direction éditoriale : Sarah Malherbe
Conception de la collection : Émilie Beaumont et Jack Delaroche
Édition : Frédérique Chavance
Conception graphique : Éric Laurin sous la direction de création de Élisabeth Hébert
Adaptation et suivi graphique : Ambrine Angaud
Mise en page : Hélène Léonard
Direction de fabrication : Thierry Dubus
Fabrication : Audrey Bord

Loi n°49-956 du 16 juillet 1949 sur les publications destinées
à la jeunesse, modifiée par la Loi n°2011-525 du 17 mai 2011.
Dépôt légal : novembre 2024
1re édition - N° d'édition : 24L1055
ISBN : 978-2-2151-8841-4 • MDS : FS88414
Achevé d'imprimer en octobre 2024 par Rotolito (Roumanie)

Fleurus Éditions s'engage pour la planète : ce livre est imprimé avec des encres à base végétale
et est composé de matériaux issus de forêts bien gérées, certifiées PEFC et d'autres sources contrôlées.

PEFC
PEFC/46-31-13
Certifié PEFC
Ce produit est issu de forêts gérées durablement et de sources contrôlées
www.pefc.ro